AF637516

ATRIUM

ERICH KÄSTNER

VOM GLÜCK, IN DRESDEN AUFZUWACHSEN

ERICH KÄSTNER UND SEINE STADT

Herausgegeben von Sylvia List

Atrium Verlag · Zürich

Erich Kästners Werke erscheinen im Atrium Verlag in ihrer originalen Textgestalt. Die Sprache hat sich im Lauf der Jahrzehnte gewandelt, manche Begriffe werden nicht mehr oder anders verwendet. Aus urheberrechtlichen Gründen wurde darauf verzichtet, Kästners Sprache – die eines aufgeklärten Moralisten und Satirikers – dem heutigen Sprachgebrauch anzupassen.

FSC
www.fsc.org
MIX
Papier | Fördert gute Waldnutzung
FSC® C083411

Erstausgabe
3. Auflage 2025
© Atrium Verlag AG, Zürich 2022
© Thomas Kästner:
Märchen-Hauptstadt, Dummheit zu Pferde
Alle Rechte vorbehalten. Der Verlag untersagt ohne ausdrückliche schriftliche Zustimmung die Nutzung dieses Werkes im Sinne des § 44 b UrhG für das Text- und Data-Mining.
Umschlaggestaltung: Kathrin Steigerwald, Hamburg
Umschlagmotiv: © akg-images
Satz: Herr K | Jan Kermes, Leipzig
Druck und Bindung: CPI books GmbH, Leck
Printed in Germany
ISBN 978-3-85535-131-2
GPSR (General Product Safety Regulation)-Kontakt:
W1-Verlage GmbH, Semperstraße 24, 22303 Hamburg,
gpsr@w1-verlage.de

www.atrium-verlag.com

Inhalt

Märchen-Hauptstadt

Der erste Abend wieder zu Haus!

Die alte liebe Brücke krümmt sich über der alten lieben Elbe wie ein amouröser Kater. Die vielen blinzelnden Laternen wandern über die Brücke wie Lampions zum Kinderfest. Der dunkelblau gefütterte Nachthimmel ist lustig mit Konfetti bestreut; das sind die Sterne. Und drunten im Fluss zittern bunte Lichtstreifen wie Papierschlangen, die man zum Karneval durch ein gelles Gelächter hindurchwirft …

Vom Belvedere herüber weht ganz dünn und leise ein Wiener Walzer … Die noch unbelaubten Linden und Platanen droben auf der Brühlschen Terrasse wiegen dazu ein wenig ihre Wipfel. Als ob sie eigentlich gar nicht wollten …

Dann poltert und klingelt eine lichtfunkelnde Straßenbahn vorüber. Der Herr Brückenzolleinnehmer wartet pflichtgeduldig auf die ehrsam daherrollenden Droschken. Und ein Gymnasiast zieht vor einem kleinen Bürgermädchen seine Mütze. Dabei wird er rot wie seine lateinische Klassenarbeit nach der Korrektur …

Das Opernhaus ist festlich erleuchtet: »Boris Godunow« wird gespielt! Das große Tagesgespräch … Es ist Pause. Die Abendkleider und die Smokings lehnen in den mächtigen Fenstern des Foyers, plaudern und blicken mit etwas befremdeten Augen auf das abendliche Treiben herunter.

Über allem ragt die Silhouette der Türme: Als habe sie der liebe Gott in einer guten Stunde mit inniger Sorgfalt aus dem dunklen Nichts herausgeschnitten … so wunderschön … Die Frauenkirche sieht aus wie ein riesiger Kaffeewärmer … Die Hofkirche greift in die Sterne wie ein luftiges Minarett … Und zwischen den beiden hängt die Rathausuhr wie ein Vollmond mit Zifferblatt …

Das alte liebe Dresden! Es ist vorbei mit Königsparaden und Hoflieferanten … Sogar die rühmlichen Straßenkehrer scheinen ausgewandert zu sein … Aber noch ist es die alte vornehme Stadt …

Aus einem der ersten Artikel des 24-jährigen Kästner für die »Neue Leipziger Zeitung« (27. März 1923).

Dresden war eine wunderbare Stadt

Dresden war eine wunderbare Stadt, voller Kunst und Geschichte und trotzdem kein von sechshundertfünfzigtausend Dresdnern zufällig bewohntes Museum. Die Vergangenheit und die Gegenwart lebten miteinander im Einklang. Eigentlich müsste es heißen: im Zweiklang. Und mit der Landschaft zusammen, mit der Elbe, den Brücken, den Hügelhängen, den Wäldern und mit den Gebirgen am Horizont, ergab sich sogar ein Dreiklang. Geschichte, Kunst und Natur schwebten über Stadt und Tal, vom Meißner Dom bis zum Großsedlitzer Schlosspark, wie ein von seiner eignen Harmonie bezauberter Akkord.

Als ich ein kleiner Junge war und mein Vater, an einem hellen Sommerabend, mit mir zum Waldschlösschen spazierte, weil es dort ein Kasperletheater gab, das ich innig liebte, machte er plötzlich halt und sagte: »Hier stand früher ein

Gasthaus. Das hatte einen seltsamen Namen. Es hieß ›Zur stillen Musik‹!« Ich blickte ihn verwundert an. »Zur stillen Musik«? Das war wirklich und wahrhaftig ein seltsamer Name! Er klang so merkwürdig und so heiter verwunschen, dass ich ihn nicht mehr vergessen konnte. Ich dachte damals: »Entweder macht man in einem Gasthaus Musik, oder es ist still. Aber eine stille Musik, die gibt es nicht.«

Wenn ich später an der gleichen Stelle stehen blieb und auf die Stadt hinabschaute, zum Wielisch und zur Babisnauer Pappel hinüber und elbaufwärts bis zur Festung Königstein, dann verstand ich, von Jahr zu Jahr, den Gastwirt, der ja längst tot und dessen Gasthaus längst verschwunden war, immer besser. Ein Philosoph, das wusste ich damals schon, hatte die Architektur, die Dome und Paläste, »gefrorene Musik« genannt. Dieser sächsische Philosoph war eigentlich ein Dichter. Und ein Gastwirt hatte, auf den silbernen Fluss und das goldene Dresden blickend, sein Gasthaus »Zur stillen Musik« getauft. Nun, auch mein sächsischer Gastwirt war wohl eigentlich ein Dichter gewesen.

Wenn es zutreffen sollte, dass ich nicht nur weiß, was schlimm und hässlich, sondern auch, was schön ist, so verdanke ich diese Gabe dem Glück, in Dresden aufgewachsen zu sein. Ich musste, was schön sei, nicht erst aus Büchern lernen. Nicht in der Schule und nicht auf der Universität. Ich durfte die Schönheit einatmen wie Försterkinder die Waldluft. Die katholische Hofkirche, Georg Bährs Frauenkirche, der Zwinger, das Pillnitzer Schloss, das Japanische Palais, der Jüdenhof und das Dinglingerhaus, die Rampische Straße mit ihren Barockfassaden, die Renaissance-Erker in der Schlossstraße, das Coselpalais, das Palais im Großen Garten mit den kleinen Kavaliershäusern und gar, von der Loschwitzhöhe aus, der Blick auf die Silhouette der Stadt mit ihren edlen, ehrwürdigen Türmen – doch es hat ja keinen Sinn, die Schönheit wie das Einmaleins herunterzubeten!

Mit Worten kann man nicht einmal einen Stuhl so genau beschreiben, dass ihn der Tischlermeister Kunze in seiner Werkstatt nachbauen könnte! Wie viel weniger das Schloss Moritzburg mit seinen vier Rundtürmen, die sich im

Wasser spiegeln! Oder die Vase des Italieners Corradini am Palaisteich, schrägüber vom Café Pollender! Oder das Kronentor im Zwinger! Ich sehe schon: Ich werde den Herrn Illustrator bitten müssen, für dieses Kapitel eine Reihe Zeichnungen zu machen. Damit ihr, bei deren Anblick, wenigstens ein wenig ahnt und spürt, wie schön meine Heimatstadt gewesen ist!

Vielleicht frage ich ihn sogar, ob er Zeit hat, eines der Kavaliershäuschen zu zeichnen, die das Palais im Großen Garten flankierten! »In einem davon«, dachte ich als junger Mann, »würdest du fürs Leben gerne wohnen! Womöglich wirst du eines Tages berühmt, und dann kommt der Bürgermeister, mit seiner goldenen Kette um den Hals, und schenkt es dir im Namen der Stadt.« Da wäre ich dann also mit meiner Bibliothek eingezogen. Morgens hätte ich im Palaiscafé gefrühstückt und die Schwäne gefüttert. Anschließend wäre ich durch die alten Alleen, den blühenden Rhododendronhain und rund um den Carolasee spaziert. Mittags hätte sich der Kavalier zwei Spiegeleier gebraten und anschließend, bei offenem Fenster, ein Schläfchen geleistet. Später wäre ich, nur eben um die Ecke, in den Zoo gegangen. Oder in die Große Blumenausstellung. Oder ins Hygienemuseum. Oder zum Pferderennen nach Reick. Und nachts hätte ich, wieder bei offenem Fenster, herrlich geschlafen. Als einziger Mensch in dem großen, alten Park. Ich hätte von August dem Starken geträumt, von Aurora von Königsmarck und der ebenso schönen wie unglücklichen Gräfin Cosel.

Wann ich dann wohl gearbeitet hätte, wollt ihr wissen? Wie kann man nur so neugierig sein! Das hätten doch die Heinzelmännchen besorgt! Die Nachkommen der königlich polnischen, kursächsischen Hofzwerge! Sehr kleine, sehr tüchtige Leute! Sie hätten, nach knappen Angaben von mir, auf winzigen Schreibmaschinen meine Gedichte und Romane geschrieben, und ich wäre inzwischen auf dem Apfelschimmel Almansor, meinem Lieblingspferd, über die breiten dunkelbraunen Reitwege galoppiert. Bis zur »Pikardie«. Dort hätten ich und Almansor Kaffee getrunken und Streuselkuchen verzehrt! Doch Hofzwerge, die Gedichte schreiben, und Pferde, die Kuchen fressen, gehören nicht hierher.

Ja, Dresden war eine wunderbare Stadt. Ihr könnt es mir glauben. Und ihr müsst es mir glauben! Keiner von euch, und wenn sein Vater noch so reich wäre, kann mit der Eisenbahn hinfahren, um nachzusehen, ob ich recht habe. Denn die Stadt Dresden gibt es nicht mehr. Sie ist, bis auf einige Reste, vom Erdboden verschwunden. Der Zweite Weltkrieg hat sie, in einer einzigen Nacht und mit einer einzigen Handbewegung, weggewischt. Jahrhunderte hatten ihre unvergleichliche Schönheit geschaffen. Ein paar Stunden genügten, um sie vom Erdboden fortzuhexen. Das geschah am 13. Februar 1945. Achthundert Flugzeuge warfen Spreng- und Brandbomben. Und was übrig blieb, war eine Wüste. Mit ein paar riesigen Trümmern, die aussahen wie gekenterte Ozeandampfer.

Ich habe, zwei Jahre später, mitten in dieser endlosen Wüste gestanden und wusste nicht, wo ich war. Zwischen zerbrochenen, verstaubten Ziegelsteinen lag ein Straßenschild. »Prager Straße« entzifferte ich mühsam. Ich stand auf der Prager Straße? Auf der weltberühmten Prager Straße? Auf der prächtigsten Straße meiner

Kindheit? Auf der Straße mit den schönsten Schaufenstern? Auf der herrlichsten Straße der Weihnachtszeit? Ich stand in einer kilometerlangen, kilometerbreiten Leere. In einer Ziegelsteppe. Im Garnichts.

Erich Kästner verbrachte seine ersten zwanzig Lebensjahre, von 1899 bis 1919, in Dresden, das er erst verließ, als er im Herbst 1919 sein Studium in Leipzig begann. In den Jahren und Jahrzehnten danach kehrte er immer wieder besuchsweise nach Dresden zurück.

Die Königsbrücker Straße und ich

Die Königsbrücker Straße begann, als Verlängerung der Achse Prager Straße, Schlossstraße, Augustusbrücke, Hauptstraße und Albertplatz, freundlich und harmlos. Mit »Hollacks Festsälen«, einer alten Gastwirtschaft nebst Vorgarten, auf der einen und mit der von Nold'schen Privatschule »für höhere Töchter« auf der andren Seite.

An vornehmen Haustüren stand »Eingang nur für Herrschaften« und an den Hintertüren »Für Lieferanten und Dienstboten«. Die Herrschaften hatten ihre eignen Treppen mit weichen Teppichläufern. Die Dienstboten und Lieferanten mussten die Hintertreppe benutzen. Sonst wurden sie vom Hausmeister ausgeschimpft und zurückgeschickt. An den hochherrschaftlichen Türen erklärten hochherrschaftliche Porzellanschilder streng und energisch: »Betteln und Hausieren verboten!«. Wieder andre Schilder benahmen sich höflicher und bemerkten: »Es wird gebeten, die Füße abzustreichen«. Habt ihr es einmal versucht? Ich weiß bis heute noch nicht, was man tun muss, um sich »die Füße abzustreichen«.

Nun ja, fast alle diese Schilder sind mittlerweile verschwunden. Sie sind ausgestorben. Auch die Göttinnen und Nymphen aus Bronze und Marmor, die nackt und ratlos am Treppenaufgang herumstanden, wie bestellt und nicht abgeholt. Höhere Töchter und bessere Herrschaften gibt es allerdings auch heute noch. Sie heißen nur nicht mehr so. Es steht nicht mehr auf Schildern.

In den drei Häusern meiner Kindheit gab es keine Marmorgöttinnen, keine Nymphen aus Bronze und keine höheren Töchter. Je mehr sich die Königsbrücker Straße von der Elbe entfernte, umso unfeierlicher und unherrschaftlicher geriet sie. Die Vorgärten wurden seltener und schmäler. Die Häuser waren höher, meistens vierstöckig, und die Mieten waren billiger. Es kam das »Volkswohl«, ein gemeinnütziges Unternehmen, mit der Volksküche, der Volksbücherei und einem Spielplatz, der im Winter in eine Eisbahn verwandelt wurde. Es kamen der Konsumverein, Bäckereien, Fleischereien, Gemüseläden, kleine Kneipen, eine Fahrradhandlung, zwei Papierläden, ein Uhrengeschäft, ein Schuhgeschäft und der Görlitzer Wareneinkaufsverein.

In diesem Viertel lagen die drei Häuser meiner Kindheit. Mit den Hausnummern 66, 48 und 38. Geboren wurde ich in einer vierten Etage. In der 48 wohnten wir im dritten und in der 38 im zweiten Stock. Wir zogen tiefer, weil es mit uns bergauf ging. Wir näherten uns den Häusern mit den Vorgärten, ohne sie zu erreichen.

Je weiter unsere Straße aus der Stadt hinausführte, umso mehr veränderte sie sich. Sie durchquerte das Kasernenviertel. In ihrer Nähe, auf leichten Anhöhen, lagen die Schützenkaserne, die beiden Grenadierkasernen, die Kaserne des Infanterieregiments 177, die Gardereiterkaserne, die Trainkaserne und die zwei Artilleriekasernen. Und an der Königsbrücker Straße selber lagen die Pionierkaserne, die Militärbäckerei, das Militärgefängnis und das Arsenal, dessen

Munitionsdepot eines Tages in die Luft fliegen würde.

»Das Arsenal brennt!« Ich höre die Schreie heute noch. Flammen und Rauch bedeckten den Himmel. Die Feuerwehr, die Polizei und die Sanitätswagen der Stadt und der Umgegend jagten in Kolonnen den Flammen und dem Rauch entgegen, und hinter ihnen, außer Atem, meine Mutter und ich. Es war Krieg, und mein Vater arbeitete dort draußen in den Militärwerkstätten. Die Flammen fraßen sich weiter, und immer neue Munitionslager und -züge explodierten. Die Gegend wurde abgesperrt. Wir durften nicht weiter. Nun, am Abend kam mein Vater verrußt, aber heil nach Hause.

Und das brennende und explodierende Arsenal gehört eigentlich gar nicht in dieses Buch. Denn ich war damals schon konfirmiert und kein kleiner Junge mehr. Ja, und noch etwas später stand ich als Soldat, mit umgehängtem Karabiner, vor der Pionierkaserne Wache. Natürlich wieder auf der Königsbrücker Straße! Diese Straße und ich kamen voneinander nicht los!

Wir trennten uns erst, als ich nach Leipzig zog.

Dabei hätte ich mich gar nicht gewundert, wenn sie mir nachgereist wäre! So anhänglich war sie. Und ich selber bin, was sonst ich auch wurde, eines immer geblieben: ein Kind der Königsbrücker Straße. Dieser merkwürdig dreigeteilten Straße mit ihren Vorgärten am Anfang, ihren Mietshäusern in der Mitte und ihren Kasernen, dem Arsenal und dem Heller, dem sandigen Exerzierplatz, am Ende der Stadt. Hier, auf dem Heller, durfte ich als Junge spielen und als Soldat strafexerzieren. Habt ihr schon einmal mit vorgehaltenem Karabiner, Modell 98, zweihundertfünfzig Kniebeugen gemacht? Nein? Seid froh! Man kriegt für den Rest seines Lebens nicht wieder richtig Luft. Einige Kameraden fielen schon nach fünfzig Kniebeugen um. Sie waren gescheiter als ich.

An die vierte Etage, Königsbrücker Straße 66, kann ich mich nicht mehr erinnern. Jedes Mal, wenn ich an dem Haus vorüberging, dachte ich: »Hier bist du also zur Welt gekommen.« Manchmal trat ich in den Hausflur hinein und blickte mich neugierig um. Doch er gab mir keine Antwort. Es war ein wildfremdes Haus. Dabei hatte mich meine Mutter, mitsamt dem Kinderwagen, hundert- und aberhundertmal die vier Treppen herunter- und hinaufgeschleppt! Ich wusste es ja. Aber das half nichts. Es blieb ein fremdes Gebäude. Eine Mietskaserne wie tausend andre auch.

Umso besser erinnere ich mich an das Haus mit der Nummer 48. An den Hausflur. An das Fensterbrett, wo ich saß und in die Hinterhöfe blickte. An die Treppenstufen, auf denen ich spielte. Denn die Treppe war mein Spielplatz. Hier stellte ich meine Ritterburg auf. Die Burg mit den Schießscharten, den Spitztürmen und der beweglichen Zugbrücke. Hier fanden heiße Schlachten statt. Hier fielen französische Kürassiere, nach kühnen Umgehungsmanövern über zwei Treppenstufen, den Holk'schen Jägern und Wallensteins Arkebusieren in den Rücken. Sanitätssoldaten, mit dem Roten Kreuz am Ärmel, standen bereit, um auf ihren Tragbahren die Verwundeten zu bergen. Sie wollten allen helfen, den Schweden und den Kaiserlichen aus dem siebzehnten Jahrhundert genau so gut wie der französischen Kavallerie aus dem neunzehnten. Meinen Sanitätern war jede Nation und jedes Jahrhundert recht. Doch zuvor musste der verbissene Kampf um die Zugbrücke aus dem Mittelalter entschieden sein.

Es waren verlustreiche Gefechte. Eine einzige Handbewegung von mir erledigte ganze Regimenter. Und Napoleons Alte Garde starb, aber sie ergab sich nicht. Noch im inneren Burghof, nachdem die Zugbrücke erstürmt worden war, focht man weiter. Die Nürnberger Zinnsoldaten waren harte Burschen. Und der Briefträger und die kleine Frau Wilke aus der vierten Etage mussten Riesenschritte machen, wie die Störche im Salat, um Sieg und Niederlage nicht zu gefährden. Sie stiegen vorsichtig über Freund und Feind hinweg, und ich merkte es gar nicht. Denn ich war der Frontgeneral und der Generalstabschef für beide Armeen. Von mir hing das Schicksal aller beteiligten Jahrhunderte und Völker ab. Da hätte mich ein Postbote aus Dresden-Neustadt stören sollen? Stören können? Oder die kleine Frau Wilke, nur weil sie ein paar Kohlrabis und ein bisschen Salz und Zucker einkaufen wollte?

Sobald die Schlacht entschieden war, legte ich die toten, verwundeten und gesunden Zinnsoldaten in die Nürnberger Spanschachteln zurück, zwischen die Schichten aus feiner Holzwolle, demontierte die stolze Ritterburg und schleppte die Spielzeugwelt und Spielzeugweltgeschichte in unsere winzige Wohnung zurück.

Königsbrücker Straße 48, das zweite Haus meiner Kindheit. Wenn ich, in diesem Augenblick, in München und als, wie man so sagt, älterer Herr, die Augen schließe, spüre ich die Treppenstufen unter meinen Füßen und die Treppenkante, auf der ich hockte, am Hosenboden, obwohl es mehr als fünfzig Jahre später wahrhaftig ein ganz andrer Hosenboden ist als der von damals. Wenn ich mir die vollgepackte Einkaufstasche aus braunem Leder vorstelle, die ich treppauf trug, zieht es zunächst in meinem linken Arm und dann erst im rechten. Denn bis zur zweiten Etage hielt ich die Tasche mit der linken Hand, um an der Wand nicht anzustoßen. Dann nahm ich die Tasche in die rechte Hand und hielt mich mit der linken am Geländer fest. Und schließlich seufze ich, genau wie damals, erleichtert auf, als ich die Tasche vor der Wohnungstür niedersetzte und auf den Klingelknopf drückte.

Gedächtnis und Erinnerung sind geheimnisvolle Kräfte. Und die Erinnerung ist die geheimnisvollere und rätselhaftere von beiden.

In der Königsbrücker Straße 66, Kästners Geburtshaus, erinnert eine Gedenktafel an ihn. Schon in Kästners erstem Lebensjahr, 1899, zog die Familie in die Königsbrücker Straße 48, III., 1910 in die Königsbrücker Straße 38, II. Die Bombardierung Dresdens im Februar 1945 richtete in der Königsbrücker Straße vergleichsweise geringe Schäden an. Die gründerzeitlichen Fassaden blieben weitgehend erhalten.

Die 4. Bürgerschule in der Tieckstraße

Die 4. Bürgerschule in der Tieckstraße, unweit der Elbe, war ein vornehm düsteres Gebäude mit einem Portal für die Mädchen und einem für die Knaben. In jener Zeit sahen alle Schulen düster aus, dunkelrot oder schwärzlich grau, steif und unheimlich. Wahrscheinlich waren sie von denselben Baumeistern gebaut worden, die auch die Kasernen gebaut hatten. Die Schulen sahen aus wie Kinderkasernen. Warum den Baumeistern keine fröhlicheren Schulen eingefallen waren, weiß ich nicht. Vielleicht sollten uns die Fassaden, Treppen und Korridore denselben Respekt einflößen wie der Rohrstock auf dem Katheder. Man wollte wohl schon die Kinder durch Furcht zu folgsamen Staatsbürgern erziehen. Durch Furcht und Angst, und das war freilich ganz verkehrt.

Mich erschreckte die Schule nicht. Ich kannte keine heiteren Schulhäuser. Sie mussten wohl so sein. Und der gemütlich dicke Lehrer Bremser, der die Mütter, Väter und ABC-Schützen willkommen hieß, erschreckte mich schon gar nicht. Ich wusste von daheim, dass auch die Lehrer lachen konnten, Spiegeleier aßen, an die großen Ferien dachten und ihr Nachmittagsschläfchen hielten. Da war kein Grund zum Zittern.

Herr Bremser setzte uns, der Größe nach, in die Bankreihen und notierte sich die Namen. Die Eltern standen, dichtgedrängt, an den Wänden und in den Gängen, nickten ihren Söhnen ermutigend zu und bewachten die Zuckertüten. Das war ihre Hauptaufgabe. Sie hielten kleine, mittelgroße und riesige Zuckertüten in den Händen, verglichen die Tütengrößen und waren, je nachdem, neidisch oder stolz. Meine Zuckertüte hättet ihr sehen müssen! Sie war bunt wie hundert Ansichtskarten, schwer wie ein Kohleneimer und reichte mir bis zur Nasenspitze! Ich saß vergnügt auf meinem Platz, zwinkerte meiner Mutter zu und kam mir vor wie ein Zuckertütenfürst. Ein paar Jungen weinten herzzerbrechend und rannten zu ihren aufgeregten Mamas.

Doch das ging bald vorüber. Herr Bremser verabschiedete uns; und die Eltern, die Kinder und die Zuckertüten stiefelten gesprächig nach Hause. Ich trug meine Tüte wie eine Fahnenstange vor mir her. Manchmal setzte ich sie ächzend aufs Pflaster. Manchmal griff meine Mutter zu. Wir schwitzten wie die Möbelträger. Auch eine süße Last bleibt eine Last.

So wanderten wir mit vereinten Kräften durch die Glacisstraße, die Bautzener Straße, über den Albertplatz und in die Königsbrücker Straße hinein. Von der Luisenstraße an ließ ich die Tüte nicht mehr aus den Händen. Es war ein Triumphzug. Die Passanten und Nachbarn staunten. Die Kinder blieben stehen und liefen hinter uns her. Sie umschwärmten uns wie die Bienen, die Honig wittern. »Und nun zu Fräulein Haubold!«, sagte ich hinter meiner Tüte.

Fräulein Haubold führte die in unserm Hause befindliche Filiale der stadtbekannten Färberei Märksch, und ich verbrachte manche Stunde in dem stillen, sauberen Laden. Es roch nach frischer Wäsche, nach chemisch gereinigten Glacéhandschuhen und nach gestärkten Blusen.

Fräulein Haubold war ein älteres Fräulein, und wir mochten einander sehr gern. Sie sollte mich bewundern. Ihr wie keinem sonst gebührte der herrliche Anblick. Das war selbstverständlich.

Meine Mutter öffnete die Tür. Ich stieg, die Zuckertüte mit der seidnen Schleife vorm Gesicht, die Ladenstufe hinauf, stolperte, da ich vor lauter Schleife und Tüte nichts sehen konnte, und dabei brach die Tütenspitze ab! Ich erstarrte zur Salzsäule. Zu einer Salzsäule, die eine Zuckertüte umklammert. Es rieselte und purzelte und raschelte über meine Schnürstiefel. Ich hob die Tüte so hoch, wie ich irgend konnte. Das war nicht schwer, denn sie wurde immer leichter. Schließlich hielt ich nur noch einen bunten Kegelstumpf aus Pappe in den Händen, ließ ihn sinken und blickte zu Boden. Ich stand bis an die Knöchel in Bonbons, Pralinen, Datteln, Osterhasen, Feigen, Apfelsinen, Törtchen, Waffeln und goldenen Maikäfern. Die Kinder kreischten. Meine Mutter hielt die Hände vors Gesicht. Fräulein Haubold hielt sich an der Ladentafel fest. Welch ein Überfluss! Und ich stand mittendrin.

An der Stelle der ehemaligen 4. Bürgerschule in der Tieckstaße 4 steht jetzt der Neubau des Beruflichen Schulzentrums für Wirtschaft Dresden »Prof. Dr. Zeigner«. Ein großer Stromkasten an der rechten Gebäudekante des Schulneubaus erinnert mit einem Porträt und der Aufschrift »Erich Kästner was here 1905–1912« an den einstigen Schüler.

Begegnung mit einem Trockenplatz

Wie sehr sich solche Plätze gleichen.
Wie eng verwandt sie miteinander sind.
Gestänge, Stricke, Wäsche, Klammern, Wind
und sieben Büschel Gras zum Bleichen,
bei diesem Anblick wird man wieder Kind.

Wie gern ich mich daran erinnern lasse.
Ich schob den Wagen. Und die Mutter zog.
Ich knurrte, weil die Wäsche so viel wog.
Wie hieß doch jene schmale Gasse,
die dicht vorm Bahnhof in die Gärten bog?

Dort war die Wiese, die ich meine,
dort setzten wir den Korb auf eine Bank
und hängten unsern ganzen Wäscheschrank
auf eine kreuz und quer gezogne Leine,
und Wind und Wäsche führten Zank.

Ich saß im Gras. Die Mutter ging nach Hause.
Die Wäsche wogte wie ein weißes Zelt.
Dann kam die Mutter mit Kaffee und Geld.
Ich kaufte Kuchen, für die Mittagspause
in dieser fast geheimnisvollen Welt.

Die Hemden zuckten hin und her,
als wollten sie herab und mit uns essen.
Die Sonne schien. Die Strümpfe hingen schwer.
Oh, ich erinnre mich an alles sehr
genau und will es nie vergessen.

»... jene schmale Gasse, die dicht vorm Bahnhof in die Gärten bog ...« – die Scheunenhofstraße, eine westliche Nebenstraße der Königsbrücker Straße. Dort, beim Kohlenhändler Wendt, befand sich der beschriebene Trockenplatz mit der Wäscheleine und der Wiese, auf der die Wäschestücke zum Bleichen ausgebreitet werden konnten.

Franz Augustin und die Hechtstraße

Die Hechtstraße war eine schmale, graue und übervölkerte Straße. Hier hatten, weil die Läden billig waren, Onkel Franz und Onkel Paul als junge Fleischermeister begonnen, ihr Leben zu meistern. Und obwohl die beiden einfenstrigen Geschäfte, nur durch die Fahrstraße getrennt, einander gegenüberlagen und die zwei Inhaber gleicherweise Augustin hießen, geriet man sich nicht in die Haare. Beide Brüder waren geschickt, fleißig, munter und beliebt, ihre Jacken und Schürzen blütenweiß und ihre Wurst, ihr Fleischsalat und ihre Sülze vorzüglich. Tante Lina und Tante Marie standen von früh bis spät hinter ihren Ladentischen, und manchmal winkten sie einander, über die Straße hinweg, fröhlich zu.

Franz Augustin und Paul Augustin residierten in der Hechtstraße auch noch, nachdem sie ihre

Fleischerläden mit Gewinn verkauft hatten und endgültig Pferdehändler geworden waren. In den Hinterhöfen war für Pferdeställe Platz genug, für Onkel Paul schon gar, weil er nur Warm- und Vollblüter kaufte und verkaufte, nur Kutsch- und Reitpferde, nur das Feinste vom Feinen. Schon nach wenigen Jahren durfte er sich »Königlicher Hoflieferant« nennen. Er ließ den Titel auf das Firmenschild überm Haustor malen und war nun etwas ähnlich Nobles wie der Hofjuwelier. Dieser handelte nur mit den schönsten Brillanten und Perlen, und Onkel Paul bot nur die edelsten Pferde an. Dafür genügten ihm zehn Ställe. Manchmal kam der König selber! Stellt euch das vor! In die schmale, mickrige Hechtstraße! Mit den Prinzen und dem Hofmarschall und dem Leibjäger! Zu meinem Onkel Paul!

Trotzdem trieb ich mich tausendmal lieber und hundertmal häufiger im Hof und in den Stallungen auf der anderen Straßenseite herum. Onkel Franz war zwar saugrob, und zum Hoflieferanten hätte er bestimmt kein Talent gehabt. Wer weiß, was er Friedrich August III. von Sachsen alles gesagt und wie mächtig er ihm auf die Schulter geklopft hätte! Mindestens der Hofmarschall und der Adjutant à la suite wären in Ohnmacht gefallen. Aber der saugrobe Onkel Franz gefiel mir besser als der hochnoble Onkel Paul, den die Geschwister aus Jux »Herr Baron« nannten. Und zwischen seinen Knechten und Pferden fühlte ich mich wie zu Hause.

In den braunen Holzställen, die sich an den Längsseiten des schmalen Hofs hinzogen, war für etwa dreißig Pferde Raum, für die Dänen und Ostpreußen, für die Oldenburger und Holsteiner und für die flämischen Kaltblüter, die gewaltigen Brabanter mit den breiten Kruppen und ihren hellen Riesenmähnen. Zentnerweise schleppten die Knechte Heu, Hafer und Häcksel heran und hektoliterweise, Eimer für Eimer, frisches Wasser. Die Gäule futterten und soffen, dass man nur staunen konnte. Sie stampften mit den klobigen Hufen, peitschten mit den Schweifen die Fliegenschwärme vom Rücken und wieherten einander, von Stall zu Stall, herzliche Grüße zu. Wenn ich näher trat, wandten sie den Kopf und schauten mich, fremd und geduldig, aus ihren unerforschlichen Augen an. Manchmal nickten sie dann, und manchmal schüttelten sie die riesigen Häupter. Aber ich wusste nicht, was sie meinten. Rasmus, der hagere Großknecht aus Dänemark, der kein S sprechen konnte, ging prüfend von Stall zu Stall. Und Onkel Bruno hinkte neben dem dicken Tierarzt geschäftig übers Kopfsteinpflaster.

Die ungemütliche, kleinbürgerlich möblierte Wohnung lag über dem Fleischerladen, worin längst ein anderer Meister Koteletts hackte und mit der Breitseite des Beils flachklopfte. In der Wohnung regierte Frieda, das schmale Mädchen aus dem Erzgebirge, das stille und energische Dienstmädchen. Frieda kochte, wusch, putzte und vertrat an meiner Kusine Dora Mutterstelle. Denn die Mutter selber, Tante Lina, hatte keine Zeit für ihr Kind.

Sie war, ohne jede kaufmännische Vorbildung, Geschäftsführerin geworden und saß von früh bis spät im Büro. Mit Schecks, Lieferantenrechnungen, Steuern, Löhnen, Wechselprolongationen, Krankenkassenbeiträgen, Bankkonten und ähnlichen Kleinigkeiten gab sich Onkel Franz nicht ab. Er hatte gesagt: »Das erledigst du!«, und so erledigte sie es.

Das Büro, es hieß noch Comptoir, befand sich am Ende des Hofs, zwischen den Stallzeilen, im Erdgeschoss eines kleinen Hintergebäudes. Hier diente und herrschte Tante Lina. Hier am Schreibtisch handelte sie mit Lieferanten. Hier holten die Knechte ihren Wochenlohn. Hier stellte sie Schecks aus. Hier führte sie Buch. Hier prüfte der Revisor ihre Eintragungen. An der Rückwand stand der Panzerschrank, und nur die Tante hatte die Schlüssel dazu. Schlüsselbund und Geldtasche baumelten an ihrer Schürze. Den Bleistift steckte sie schräg in die Frisur. Sie war resolut und ließ sich nichts vormachen. Ein einziger Mensch auf der Welt verursachte ihr Herzklopfen, der »Herr«. So nannte sie ihn, wenn er nicht dabei war. War er im Zimmer oder am Telefon, sagte sie »Franz« zu ihm. »Ja, Franz.« »Natürlich, Franz.« »Gewiss, Franz.« »Selbstverständlich, Franz.« Dann klang ihre sonst recht energische Stimme wie die eines Schulmädchens.

Wenn er sie brauchte, brüllte er, wo er ging

oder stand, nur das Wort »Frau!« Und schon rief sie »Ja, Franz?«, und rannte, als gelte es ihr Leben. Dann brauchte er nur noch zu sagen: »Heute Nacht fahr ich mit Rasmus nach Flensburg zum Markt. Gib mir zwanzigtausend Mark mit! In Hundertmarkscheinen!« Noch im Weglaufen band sie die Schürze ab. Und eine Stunde später war sie von der Bank zurück. Mit zweihundert Hundertmarkscheinen.

Wenn Onkel Franz von den Märkten und Auktionen zurückkam, wenn die Pferde an der Rampe des Neustädter Güterbahnhofs ausgeladen und von den unterwegs gemieteten Knechten den Dammweg entlang und über den Bischofsplatz in die Hechtstraße geführt worden waren, begann des Onkels große Zeit. Erst mussten sich die Gäule herausfuttern, denn die Reise in den Güterwagen und der Klimawechsel hatten die lebende Ware strapaziert.

Doch schon ein paar Tage später drängten sich die Kunden im Hof wie auf einem Jahrmarkt. Lauter imposante Leute mit beträchtlichem Pferdeverstand und dicken Brieftaschen.

Offiziere mit ihren Wachtmeistern, Rittergutsbesitzer, Großbauern, Brauereidirektoren, Spediteure, Herren von der Städtischen Müllabfuhr und der Pfund'schen Molkerei – man hatte den Eindruck, hier würden keine Pferde, sondern dicke Männer verkauft! Onkel Bruno hinkte, mit einer Kiste Zigarren, von einem zum andern und bot Havannas an. In den Fenstern der umliegenden Hinterhäuser lehnten neugierige Frauen und Kinder, genossen das Schauspiel und warteten auf den Hauptdarsteller, auf Franz Augustin, den Herrn der Pferde. Und wenn er dann auftrat, wenn er lächelnd durch die Toreinfahrt kam, die Zigarre im Mund, den dicken Stock aus Bambus schwingend, die braune Melone flott und etwas schief auf dem Kopf, wussten auch die, die ihn noch nie gesehen hatten, sofort: »Das ist er! Der wird mich hineinlegen, und ich werde mir noch einbilden, er hätte mir den Fuchswallach geschenkt!« Gegen diesen Mann, gegen so viel selbstgewisse Kraft und heitere Selbstverständlichkeit war kein Kraut gewachsen. Wo er sich, nach einigem Händeschütteln und Schulterklopfen, gelassen und vierschrötig aufpflanzte, dort war die Mitte, und alles hörte auf sein Kommando: die Knechte, die Pferde und die Kunden!

Die Tiere wurden, eines nach dem andern, in allen Gangarten gemustert. Die Knechte hatten die Pferde kurz am Halfter und rannten mit ihnen, hin und her und wieder hin und her, über den Hof. Besonders eigenwillige Gäule wurden von Rasmus vorgeführt. An seiner Hand trabten auch die hartmäuligsten Krippensetzer fromm wie die Lämmer. Manchmal knallte Onkel Franz mit der Peitsche. Meistens wedelte er nur mit seinem großen weißen Taschentuch. Er konnte das wie ein Varietékünstler. Das Taschentuch knatterte wie eine Fahne im Wind und brachte die faulsten Rösser in Fahrt.

War ein Pferd gemustert worden, traten die Interessenten näher und begutachteten das Gebiss und die Fesseln. Der Onkel nannte den Preis und ließ nicht lange mit sich handeln. Dann wurde der Kauf durch Handschlag besiegelt, dass es nur so klatschte. Mir taten vom bloßen Zuhören die Handflächen weh. Tante Lina zog den Bleistift aus der Frisur und notierte den Käufer. Es war kaum nötig, denn der Handschlag galt wie ein Eid. Wer eine solche Abrede nicht eingehalten hätte, wäre als Geschäftsmann erledigt gewesen. Das konnte sich keiner leisten.

Manchmal hatte der Onkel so viele Pferde mitgebracht, dass er über die Hälfte in fremden Ställen unterbringen musste: bei seinem Bruder Paul und bei seinem Freunde, dem Kommissionsrat Gäbler. Dann dauerte die Musterung tagelang, und in der Kneipe im Vorderhaus ging es hoch her. Den Zigarrenqualm hätte man nicht einmal mit der Gartenschere zerschneiden können. Der Lärm und das wilde Gelächter quollen bis auf die Straße. Onkel Franz trank wie ein Bürstenbinder und behielt einen klaren Kopf. Onkel Bruno war schon nach dem vierten Schnaps blau wie ein Veilchen. Und Tante Lina trank gar nichts, sondern kassierte, still und beharrlich, Hundert-, Fünfhundert- und Tausendmarkscheine. Die dicken Brieftaschen ringsum magerten zusehends ab. Die Tante schrieb Quittungen, steckte den Kopierstift wieder in die Frisur und brachte die Geldbündel in den Panzerschrank. Ins Comptoir hinten im Hof.

Paul Augustin residierte in der Hechtstraße 29. In der Hechtstraße 30 hatte Franz Augustin sein Geschäft und vor allem seine Pferdeställe. Die Straßenfronten und die Stallgebäude im Hinterhaus sind erhalten. Im sog. Hechtviertel spielt auch Kästners Erzählung »Krieg in der Hechtstraße«, in der es um verfeindete Jugendbanden geht.

Die Villa am Albertplatz

»Der Franz Augustin«, sagten die Leute, »verdient sich noch dumm und dämlich!« Dumm und dämlich? Da kannten sie ihn schlecht.

Er kaufte das Haus Antonstraße 1. »Haus« ist nicht ganz das richtige Wort. Es handelte sich um eine zweistöckige, geräumige Villa mit einem schattigen Garten, der fast ein Park war und mit der Schmalseite an den Albertplatz grenzte. An den Albertplatz, der zu meinem Schulweg gehörte. An diesen geschäftigen und trotzdem feierlichen Platz mit dem Theater und seinen zwei großen Springbrunnen, die »Stilles Wasser« und »Stürmische Wogen« hießen.

Zu der großen Villa und dem kleinen Park gehörten, außer den hohen, alten Bäumen, ein Treibhaus, zwei Pavillons und ein Seitengebäude mit einem Pferdestall, einer Wagenremise und einer Kutscherwohnung. In die Kutscherwohnung zog Frieda, die Perle, und wurde zur Wirtschafterin ernannt. Sie erhielt ein Dienstmädchen und einen Gärtner als Hilfe und übernahm die Regierung. Sie beherrschte, vom ersten Tag an, ihre neuen Pflichten, als sei sie in zweistöckigen Villen aufgewachsen. Tante Lina tat sich schwerer. Sie wollte keine Gnädige Frau werden, und sie wurde keine. Sie und Frieda stammten aus dem Erzgebirge, und ihre Väter waren im gleichen Steinkohlenbergwerk Häuer gewesen.

Von der Königsbrücker Straße 48 bis zur Antonstraße 1 war es ein Katzensprung. Und da sich Tante Lina in ihrer Villa recht fremd fühlte, war sie froh, wenn wir sie besuchten. Bei schönem Wetter kam ich schon nachmittags. Der Onkel saß in irgendeinem Schnellzug. Die Tante schrieb hinter ihrem Schreibtisch in der Hechtstraße Rechnungen und Quittungen. Dora, die Kusine, war bei einer Schulfreundin eingeladen. Und so gehörten Haus und Garten mir.

Am liebsten hockte ich dann auf der Gartenmauer und schaute dem Leben und Treiben auf dem Albertplatze zu. Die Straßenbahnen, die nach der Altstadt, nach dem Weißen Hirsch, nach dem Neustädter Bahnhof und nach Klotzsche und Hellerau fuhren, hielten dicht vor meinen Augen, als täten sie's mir zuliebe. Hunderte von Menschen stiegen ein und aus und um, damit ich etwas zu sehen hätte. Lastwagen, Kutschen, Autos und Fußgänger taten für mich, was sie konnten. Die zwei Springbrunnen zeigten ihre Wasserkünste. Die Feuerwehr ratterte, mit ihrem Hornsignal und glockenläutend, vorbei. Schwitzende Grenadiere kehrten, singend und im Gleichschritt, von einer Übung in die Kaserne zurück. Eine königliche Equipage rollte vornehm übers Pflaster. Eisverkäufer in weißer Uniform verkauften an der Ecke Waffeln für fünf und für zehn Pfennige. Ein Bierwagen verlor ein Hektoliterfass, und die Neugierigen kamen gelaufen. Der Albertplatz war die Bühne. Ich saß, zwischen Jasmin und Bäumen, in der Loge und konnte mich nicht sattsehen.

Irgendwann tippte mir Frieda auf die Schulter und sagte: »Ich hab dir Kaffee hingestellt!« Dann setzte ich mich in die schattige, luftige, gusseiserne Laube und vesperte wie ein Prinz. Anschließend kontrollierte ich die Johannisbeeren und die Sauerkirschen oder schlug, im

Herbst, mit einer langen Wäschestange Nüsse vom Nussbaum. Oder ich holte für Frieda rasch etwas aus dem Grünkramladen gegenüber. Dill, Würfelzucker, Zwiebeln, Schnittlauch, Pumpernickel, je nachdem.

Auch abends spazierten wir oft in die »Villa«. Vor allem, wenn Onkel Franz verreist war. Dann kam sich Tante Lina, trotz der Dora, so verlassen vor, dass sie selig war, wenn wir ihnen beim Abendbrot im Wohnzimmer Gesellschaft leisteten. Frieda beherrschte die Kunst, belegte Brote herzustellen, in souveräner Manier, und wir hätten sie tief gekränkt, wenn auch nur eine Brotscheibe mit Landleberwurst oder rohem Schinken übrig geblieben wäre. Da keiner sie verletzen wollte, taten wir unser Möglichstes.

Es waren gemütliche Abende. Überm Sofa hing die genaue Kopie eines Bildes aus der Gemäldegalerie. Es zeigte einen alten Fuhrmann, der neben seinem Pferde steht und eben die Kumtlampe angezündet hat. Der Herr Kunstmaler Hofmann aus Trachau, der eigentlich Impressionist war, hatte, um Geld zu verdienen, das Bild im Zwinger kopiert, und Tante Lina hatte es Onkel Franz zum Einzug geschenkt. »Ein Bild?«, hatte der Onkel naserümpfend bemerkt. »Na meinetwegen, es ist ja ein Pferd drauf!«

Franz Augustin erwarb die ca. 1835 erbaute Villa in der Antonstr. 1 im Jahre 1915. Ab 1916 wurde die Familie unter dieser Anschrift im Adressbuch der Stadt geführt. Kästner hat hier seine Erinnerungen offenbar um ein paar Jahre vordatiert. Das Haus fiel im Februar 1945 den Bomben zum Opfer, wurde originalgetreu wiederaufgebaut und beherbergt seit 2000 das Erich Kästner Museum. Auf der Gartenmauer erinnert eine Skulptur an den jugendlichen Erich Kästner.

Kleine Führung durch die Jugend

Und plötzlich steht man wieder in der Stadt,
in der die Eltern wohnen und die Lehrer
und andre, die man ganz vergessen hat.
Mit jedem Schritte fällt das Gehen schwerer.

Man sieht die Kirche, wo man sonntags sang.
(Man hat seitdem fast gar nicht mehr gesungen.)
Dort sind die Stufen, über die man sprang.
Man blickt hinüber. Es sind andre Jungen.

Der Fleischer Kurzhals lehnt an seinem Haus.
Nun ist er alt. Man winkt ihm wie vor Jahren.
Er nickt zurück. Und sieht verwundert aus.
Man kennt ihn noch. Er ist sich nicht im Klaren.

Dann fährt man Straßenbahn und hat viel Zeit.
Der Schaffner ruft die kommenden Stationen.
Es sind Stationen der Vergangenheit!
Man dachte, sie sei tot. Sie blieb hier wohnen.

Dann steigt man aus. Und zögert. Und erschrickt.
Der Wind steht still, und alle Wolken warten.
Man biegt um eine Ecke. Und erblickt
ein schwarzes Haus in einem kahlen Garten.

Das ist die Schule. Hier hat man gewohnt.
Im Schlafsaal brennen immer noch die Lichter.
Im Amselpark schwimmt immer noch der Mond.
Und an die Fenster pressen sich Gesichter.

Das Gitter blieb. Und nun steht man davor.
Und sieht dahinter neue Kinderherden.
Man fürchtet sich. Und legt den Kopf ans Tor.
(Es ist, als ob die Hosen kürzer werden.)

Hier floh man einst. Und wird jetzt wieder fliehn.
Was nützt der Mut? Hier wagt man nicht zu retten.
Man geht, denkt an die kleinen Eisenbetten
und fährt am besten wieder nach Berlin.

Besuch in der Kinderkaserne

Fabian lief die Heerstraße entlang, an der Garnisonskirche und den Kasernen vorüber. Der runde kiesbestreute Platz vor der Kirche war leer. Wann war das denn gewesen, dass er hier gestanden war, ein Soldat unter Tausenden, die Hosen lang, den Helm auf dem Kopf, gerüstet zur feldgrauen Predigt, siebzehnjährig, bereit zu hören, was der deutsche Gott seinen Armeen mitteilen ließ? Er blieb am Tor der ehemaligen Fußartilleriekaserne stehen und lehnte sich an die Eisenstäbe. Antreten zum Dienstverlesen, Geschützexerzieren, Ausmarsch zum Nachtdienst, Vortrag über die Kriegsanleihe, Löhnungfassen, was war alles auf diesem öden Hof geschehen? Hatte er hier nicht gehört, wie die alten Soldaten, ehe sie zum dritten und vierten Male feldmarschmäßig abgeführt wurden, miteinander um ein Kommissbrot wetteten, wer am schnellsten zurück sein werde? Und waren sie nicht, eine Woche später, in lumpiger Uniform wieder aufgetaucht, einen Tripper echt Brüsseler Abstammung am Leibe? Fabian ließ das Gitter los und ging weiter an den alten protzigen Grenadier- und Infanteriekasernen vorbei. Hier war der Park der Schule, in der er jahrelang gesessen und gelebt hatte, ehe er mit Linksdrall, Scherenfernrohr und Lafettenschwanz bekannt gemacht wurde. Die Straße, die sich zu der Stadt hinuntersenkte, abends war er sie heimlich entlanggerannt, nach Hause, zur Mutter, auf wenige Minuten. Ob Schule, Kadettenanstalt, Lazarett oder Kirche, an der Peripherie dieser Stadt war jedes Gebäude eine Kaserne gewesen.

Noch immer lag das große graue Gebäude mit den schiefergedeckten spitzen Ecktürmen da, als sei es bis unters Dach mit Kindersorgen angefüllt. Die Fenster der Direktionswohnung waren noch immer mit weißen Gardinen geziert, im Gegensatz zu den vielen schwarzen schmucklosen Fenstern, hinter denen die Klassenzimmer, die Wohnräume der Schüler, die Schrankzimmer und die Schlafsäle lagen. Früher hatte er immer geglaubt, das riesige Haus müsse nach der

Seite, auf der die Direktorialwohnung lag, tief in die Erde sinken, so schwerwiegend war ihm die Tatsache erschienen, dass hier Gardinen an den Fenstern hingen. Er ging durch das Tor und stieg die Stufen hinauf. Aus den Klassenzimmern drangen dunkle und helle Stimmen. Der leere Korridor war erfüllt davon. Aus der ersten Etage wehten Chorgesang und Klavierspiel. Fabian verschmähte die breite Freitreppe, er kletterte im Seitenflügel die schmalen Stufen hinan, zwei kleine Schüler kamen ihm entgegen.

»Heinrich«, rief der eine, »du sollst sofort zum Storch kommen und die Hefte holen.«

»Der wird's wohl erwarten können«, sagte Heinrich und ging krampfhaft langsam durch die schwankende Glastür.

Der Storch, dachte Fabian, es hat sich nichts geändert. Dieselben Lehrer waren noch da, die Spitznamen waren geblieben. Nur die Schüler wechselten. Ein Jahrgang nach dem andern wurde erzogen und gebildet. Früh läutete der Hausmeister. Die Jagd begann: Schlafsaal, Waschsaal, Schrankzimmer, Speisesaal. Die Jüngsten deckten den Tisch, holten die Butterdosen aus dem

Eisschrank und die emaillierten Kaffeekannen aus dem Aufzug. Die Jagd ging weiter: Wohnzimmer, Staubwischen, Klassenzimmer, Unterricht, Speisesaal. Die Jüngsten deckten den Tisch fürs Mittagessen. Die Jagd ging weiter: Freizeit, Gartendienst, Fußballspiel, Wohnzimmer, Schularbeiten, Klassenzimmer, Speisesaal. Die Jüngsten deckten den Tisch fürs Abendbrot. Die Jagd ging weiter: Wohnzimmer, Schularbeiten, Waschsaal, Schlafsaal. Die Primaner durften zwei Stunden länger aufbleiben und rauchten unten im Park Zigaretten. Es hatte sich nichts geändert, nur die Jahrgänge wechselten.

Fabian stand in der dritten Etage und öffnete die Tür zur Aula. Morgenandacht, Abendandacht, Orgelspiel, Kaisers Geburtstag, Sedanfeier, Schlacht bei Tannenberg, Fahnen im Turm, Osterzensuren, Entlassung der Einberufenen, Eröffnung der Kriegsteilnehmerkurse, immer wieder Orgelspiel und Festreden voller Frömmigkeit und Würde. Einigkeit und Recht und Freiheit hatte sich in der Atmosphäre dieses Raumes festgebissen. Ob es noch so wie früher war, dass man, kam ein Lehrer vorüber, strammstehen musste? Mittwochs gab es zwei und sonnabends drei Stunden Ausgang. Ob man immer noch, wenn der Ausgang entzogen worden war, vom Inspektor angehalten wurde, Zeitungen mit Hilfe einer Schere in Abortpapiere zu verwandeln?

War es denn nicht auch manchmal schön gewesen? Hatte er immer nur die Lüge gespürt, die hier umging, und die böse heimliche Gewalt, die aus ganzen Kindergenerationen gehorsame Staatsbeamte und bornierte Bürger machte? Es war manchmal schön gewesen, aber nur trotzdem. Er verließ die Aula und stieg die düstere Wendeltreppe zu den Wasch- und Schlafsälen hinauf. In langer Front standen die eisernen Bettstellen. An den Wänden hingen die Nachthemden militärisch ausgerichtet. Ordnung musste sein. Nachts waren die Primaner aus dem Park heraufgekommen und hatten sich zu erschrockenen Quintanern und Quartanern ins Bett gelegt. Die Kleinen hatten geschwiegen. Ordnung musste sein. Er trat ans Fenster. Unten im Flusstal schimmerte die Stadt mit ihren alten Türmen und Terrassen. Wie oft war er, wenn die anderen schliefen, hierher geschlichen, hatte hinabgeblickt und das Haus gesucht, in dem die Mutter krank lag. Wie oft hatte er den Kopf an die Scheiben gepresst und das Weinen unterdrückt. Es hatte ihm nicht geschadet, das Gefängnis nicht und das unterdrückte Heulen nicht, das war richtig. Damals hatte man ihn nicht kleingekriegt. Ein paar hatten sich erschossen. Es waren nicht viele gewesen. Im Krieg hatten schon mehr daran glauben müssen. Später waren noch etliche gestorben. Heute war die Hälfte der Klasse tot. Er stieg die Treppen hinunter, verließ das Gebäude und ging in den Park. Mit Reisigbesen und Schaufeln und spitzen Stöcken waren sie hinter einem Handwagen hergetrabt, hatten welkes Laub zusammengekehrt und Papier, das herumlag, aufgespießt. Der Park war groß, er senkte sich zu einem kleinen Bach hinab.

Fabian lief auf den alten vertrauten Pfaden, setzte sich auf eine Bank, blickte in die Wipfel der Bäume, ging weiter und wehrte sich vergeblich dagegen, dass ihn das, was er sah, zurückverwandelte. Die Säle und Zimmer und Bäume und Beete, die ihn umgaben, waren keine Wirklichkeit, sondern Erinnerungen. Hier hatte er seine Kindheit zurückgelassen, und nun fand er sie wieder. Sie sank von den Zweigen und Wänden und Türmen auf ihn herab und bemächtigte sich seiner. Er schritt immer tiefer hinein in den melancholischen Zauber.

Kästner beschreibt, ohne es zu nennen, das Freiherrlich von Fletchersche Lehrerseminar, das er von 1913–1917 besuchte. In den ersten beiden Jahren war er dort im Internat – eine traumatische Erfahrung, die ihn zeitlebens belastet hat. Das Seminar lag innerhalb eines Parks an der Marienallee (Nr. 5) und damit in der Nähe der Kasernen, denen der Bau, bis auf die beiden Ecktürme, auch äußerlich ähnelte.

Abschied in der Vorstadt

Wenn man fröstelnd unter der Laterne steht,
wo man tausend Male mit ihr stand …
Wenn sie, ängstlich wie ein Kind, ins Dunkel geht,
winkt man lautlos mit der Hand.

Denn man weiß: man winkt das letzte Mal.
Und an ihrem Gange sieht man, dass sie weint.
War die Straße stets so grau und stets so kahl?
Ach, es fehlt bloß, dass der Vollmond scheint …

Plötzlich denkt man an das Abendbrot
und empfindet dies als gänzlich deplaciert.
Ihre Mutter hat zwei Jahre lang gedroht.
Heute folgt sie nun. Und geht nach Haus. Und friert.

Lust und Trost und Lächeln trägt sie fort.
Und man will sie rufen! Und bleibt stumm.
Und sie geht und wartet auf ein Wort!
Und sie geht und dreht sich nie mehr um …

Abendliche Altstadt

Gegen Abend ging Fabian in die Altstadt hinüber. Von der Brücke aus sah er die weltberühmten Gebäude wieder, die er, seit er denken konnte, kannte: das ehemalige Schloss, die ehemalige Königliche Oper, die ehemalige Hofkirche, alles war hier wunderbar und ehemalig. Der Mond rollte ganz langsam von der Spitze des Schlossturms zur Spitze des Kirchturms, als gleite er auf einem Draht. Die Terrasse, die sich am Flussufer erstreckte, war mit alten Bäumen und ehrwürdigen Museen bewachsen. Diese Stadt, ihr Leben und ihre Kultur befanden sich im Ruhestand.

Zwei Mütter und ein Kind

Gerade als die achtjährige Marlene im Hof des Merck'schen Grundstücks ihre Puppe Oswald hoch auf die Teppichklopfstange gesetzt hatte, weil sich moderne Puppen beizeiten das Schwindelgefühl abgewöhnen müssen – denn es kann leicht sein, dass sie mal im Flugzeug verreisen müssen –, erschien Pony, die kleine Schwester, auf der Bildfläche und sagte: »Du sollst sofort nach Hause kommen. Unsere neue Mutter ist da.«

Marlene nickte und schüttelte die Betten im Puppenwagen zurecht. Pony machte kehrt, stieg langsam über das holprige Pflaster zurück und verschwand im Torbogen.

Die Merck'schen Kinder standen staunend neben Marlene. Und einer der Jungens fragte: »Wie heißt sie denn?«

»Fräulein Stampfer, glaub ich«, gab sie zur Antwort.

»Das ist ja nun Unsinn«, meinte Herta Merck, »wenn sie eure neue Mutter ist, heißt sie natürlich Frau Nieritz, genau wie dein Vater.«

»Gott, bist du blöd!«, sagte der Junge, »der Vater heißt doch nicht Frau Nieritz!« Er streckte die Hand vor und wollte der Schwester, um den Grad ihrer Dummheit anschaulich auszudrücken, ein unsichtbares Kreuz auf die Stirn zeichnen. Da kriegte er aber eins auf die Finger. Er schlug wieder. Und es entstand einer der üblichen Merck'schen Familienzwiste. Die anderen Geschwister ergriffen, damit die Erbitterung der Duellanten nicht so rasch nachlasse, Partei, und schließlich stand Marlene allein auf dem Hof. Das Gefecht tobte abseits, auf den Barrikaden des Lagerschuppens.

Marlene nahm ihren Wagen und verschwand straßenwärts.

Die Puppe Oswald hockte noch immer oben auf der Klopfstange, wurde plötzlich nervös, kippte hintenüber und schlug aufs Pflaster. Mit zum Himmel erhobenen Armen, ängstlich zurückgelehnt, saß sie da. Unverletzt. Denn sie war aus Stoff.

Auf der Straße draußen blickte sich Marlene vorsichtig um. Dann schob sie ihren Wagen dicht an der Häuserfront entlang und bog rasch in eine der Gassen ein, die auf die Oppelstraße führen. Hier verlangsamte sie den Schritt, spazierte unter den großen Ulmen vor der ehemaligen Feldartilleriekaserne, wie ein Kindermädchen nach dem Mittagessen, mit gutmütiger Würde. Und dort, wo links das freie Feld beginnt, mit den Landschaftsgärtnereien und den Kranzbuden, blieb sie eine Weile stehen. Sie spielte mit den Ästen, die sich über die Zäune bogen, brach kleine Birkenzweige ab, legte sie in den Wagen, pflückte drei Gänseblümchen, die nahe an der Straße standen, tat die Blumen zu den Zweigen und setzte dann ihren Weg fort. Bis zum St.-Pauli-Friedhof.

Oben im 4. Revier, wo die Gräber der letzten Jahre sind, auf einem Hügel hoch über den unzähligen Grabkreuzen vergangener Jahrzehnte, öffnete sie ein quietschendes Gruftgitter, zog den Puppenwagen mühsam über drei Stufen, stellte ihn neben die Taxuszeile, setzte sich auf die kleine grüne Bank neben dem Grab und blickte hinunter, über die Gräber und Kreuze und Urnen und Engel hinweg, nach der Stadt, deren Türme und Gasometer in violettem Dunst lagen.

Dann ging eine von den alten Frauen vorüber, die dazu bestellt sind, die Gräber sauber zu halten und die Topfblumen zu gießen. Und sie nickte dem Kinde freundlich zu. Marlene merkte es gar nicht. Sie kniete sich hin, entfernte verdorrte Zweige und Blumen, legte, an ihrer statt, die drei Gänseblümchen und das frische Birkengrün, sorgfältig verteilt, aufs Grab, holte die Puppe Florfina aus dem Wagen, setzte sie neben eins der Gänseblümchen, kauerte sich auf den Granitrand und sagte nach einer Zeit: »Oswald sitzt noch auf der Teppichstange. Erinnere mich nachher daran, dass wir ihn abholen. Sonst bleibt er die ganze Nacht über dort und weint. Vielleicht würde er auch herzkrank vor Angst. Sitz ruhig!«

Ein Herr und eine Dame kamen vorbei, in schwarzen Kleidern, und er trug einen glänzenden Zylinder. Der Kies knirschte.

Marlene strich Florfina übers Filzhaar, schüttelte den Kopf, als antwortete sie auf irgendetwas, und meinte: »Fräulein Stampfer heißt nun Frau Nieritz und denkt, deswegen ist sie unsere Mutter. So ein Einfall, was? Das ist genauso, als wenn ich zu Mercks ginge und sagte: Guten Tag, ich bin ab heute Ihre Tochter und heiße Marlene Merck. Verstehst du? Na also. Sogar du verstehst es und bist bloß eine Puppe. Vater versteht es nicht. Weil wir keine Mutter mehr hätten, müssten wir eine neue bekommen, hat er gesagt. Wenn man aber keine Mutter mehr hat, da hat man eben keine Mutter mehr.«

Marlene holte sich die Puppe Florfina auf den Schoß, fragte: »Bist du sehr müde?«, und betrachtete das Panorama der Stadt. Dann fuhr sie halblaut fort: »Soll ich dir eine Geschichte erzählen? Vielleicht das Märchen von der kleinen Martha, die stets alleine war? Der kleinen Martha war nämlich die Mutter gestorben. Und da dachte sie eines Tages, ich will sie gleich mal besuchen. Und kaufte sich ein Flugzeug, von ihrem gesparten Geld. Und das Flugzeug wurde in eine große Kanone gesteckt. Und Martha saß darin. In einem Rucksack hatte sie Milch und Zwieback. Und eine Bonbonniere für ihre Mutter … Dann wurde die große Kanone abgefeuert. Und das Flugzeug sauste direkt vor den Himmel. Und am Himmel hieß es: Wer nicht tot ist, darf nicht rein! Aber Martha gab dem Schupo die Bonbonniere, und da durfte sie. Sie suchte lange, und die Straßen hatten blaue Nummern, und auf der Straße Nummer Hunderttausendelf saß Marthas Mutter und hatte ein schönes goldenes Kostüm an. Und Marthas Mutter merkte nichts, sondern saß auf einem Klappsessel wie im Kino und sah sich die Fotografien an, wo ihre sechs Kinder drauf waren. Da setzte sich Martha heimlich mit auf den Sessel und nahm ihre Mutter bei der Hand und sagte fröhlich: ›Endlich hab ich dich gefunden. Ich mag nicht allein auf der Erde bleiben und tu hier so, als ob ich tot wäre, und der Schupo hat deine Pralinees, aber das ist nicht schlimm, ich kauf dir neue. Gar nichts ist jetzt schlimm, denn jetzt hab ich dich wieder, meine gute Mutti, und …‹«

»Meine gute Mutti«, sagte die kleine Marlene noch einmal und konnte die Türme der Stadt nicht mehr sehen, weil sie weinen musste. Sie legte den Kopf neben die drei Gänseblümchen und hielt sich die Hände vors Gesicht.

Pferdehändler Nieritz saß mit den Hochzeitsgästen – es waren nur Verwandte von ihm da und ein guter Geschäftsfreund – in der guten Stube. Lisbeth, seine neue Frau, schnitt Napfkuchen in Stücke, goss Kaffee ein und nötigte die Gesellschaft, zuzulangen. Mitunter stand sie von ihrem Platz auf und trat ins Nachbarzimmer, in dem die Kinder saßen und frohen Lärm machten.

»Robert hat eben Mutter zu mir gesagt, und Gertrud hat mir die Hand gestreichelt«, erzählte sie halblaut am Tisch und freute sich. Und Pferdehändler Augustin, der Geschäftsfreund, meinte, es werde sich auch so gehören.

»Ja, ja, aber wo bleibt Marlene?«, fragte Nieritz, »sie hat so an meiner ersten Frau gehangen; und seit Lisbeth zu uns kommt, ist das Kind fast nie zu Hause.«

»Bei uns auf dem Turnerweg, zwei Häuser weiter«, wusste eine der Schwägerinnen, »wohnt eine Witwe mit einem kleinen Jungen und will seit zwei Jahren einen gewissen Lippold heiraten, einen hübschen, ordentlichen Menschen. Er ist bei der Post. Aber das Kind lässt es einfach nicht zu. Wenn Lippold zu Besuch ist, heult und schreit es so lange, bis der Mann wieder geht. Die beiden Leute sind verzweifelt und wissen nicht, was sie anfangen sollen.«

»Pony!«, rief Nieritz. Und die Kleine kam, mit einem großen Stück Kuchen in der Hand, aus dem Nebenzimmer.

»Hast du Marlene nicht geholt?«

»Doch. Sie hat genickt. Und da bin ich wieder gegangen.«

»Ob sie noch immer bei Mercks ist?«, fragte die neue Mutter.

»Nein.«

»Wo denn? Im Keller? In den Ställen oder auf dem Heuboden?«

»Nein. Auch nicht.«

»Wo denn sonst?«

»Ich möchte es nicht sagen.«

»Komm mal her!«, befahl der Vater, »wo ist Marlene? Ich will es wissen.«

»Marlene ist … Nein, ich sag es nicht.«

»Wo?«

»Marlene ist … Auf dem Friedhof wird sie sein. Da ist sie meistens. Mich hat sie auch schon mitgenommen.«

Die Gesellschaft saß etwas betroffen da. Der Vater senkte den Kopf und spielte an der Uhrkette. Frau Augustin schnalzte mit der Zunge.

»Es ist gut. Geh wieder hinüber!«, sagte der Vater dann, und das kleine Mädchen ging.

Ziemlich still war es. Man hörte nur, wie die Kinder nebenan lachten und mit den Tassen klapperten. Plötzlich stand die neue Frau Nieritz auf, holte ihren Hut, hob einen großen Nelkenstrauß aus einer Vase und wickelte die Blumen in weißes Papier.

»Du willst sie holen gehn?«, fragte der Mann.

»Ja, ich hole sie. Seid mir nicht böse. Aber ich muss fort.«

»Das ist sehr schön von dir, Lisbeth«, sagte eine Schwägerin. Dann ging die Frau. Und Pferdehändler Augustin meinte zu Nieritz, zu so einer Gattin könne er sich gratulieren. Hoffentlich bleibe sie so.

Sie bemerkten einander schon von weitem. Und das Kind stellte sich, wie zur Verteidigung, dicht hinter die Gittertür. Die Frau war ganz blass, blieb unten vor den Stufen stehen und musste das Gesicht heben, um der kleinen Stieftochter in die Augen zu sehen.

»Willst du nicht nach Hause kommen?«, fragte die Frau.

Marlene schüttelte, kaum spürbar, den Kopf und schwieg.

»Warum bist du mir nur böse, Kind? Ist es denn so schlimm von mir, dass ich sechs Kindern, die keine Mutter mehr haben, ein bisschen helfen will? … Ich weiß, dass man nur eine Mutter haben kann, und wenn die stirbt, ist man für immer mutterlos … Aber man braucht doch wen, Marlene!«

Die Frau setzte sich müde auf eine der Stufen, zu Füßen des Kindes, blickte auf ihren Hochzeitsstrauß und sagte: »Glaub mir, es ist immer noch besser, ich bin bei dir, als gar keiner … Siehst du, ich war doch auch einmal ein kleines Mädchen wie du. Hast du nie daran gedacht? Und mein Vater hat nicht wieder geheiratet, als meine Mutter starb. Ich glaube, das war noch trauriger, und ich war noch unglücklicher als heute du.«

Marlene stand ganz still hinter der sitzenden Frau und hörte zu. »Als Kind war ich immer allein. Denn mein Vater fuhr zwar nicht nach Holstein, Belgien und Dänemark wie deiner. Weil er kein Pferdehändler war. Aber zu Hause war er trotzdem nicht. Und dann fuhr ich selber fort, nach Hamburg, und war Verkäuferin in einem Handschuhgeschäft. Sonntags ging ich mit Freundinnen spazieren, doch ich passte nicht zu ihnen. Sie waren hübscher als ich, und sie lachten mehr. Geheiratet hat mich auch niemand. Dabei wollte ich so gerne Kinder haben ...«

Die Frau nahm die Nelken aus dem weißen Papier und hielt den Strauß im Schoß.

»Und ich wurde immer älter«, sagte sie, »und als mich dein Vater fragte, ob ich eure Mutter werden wollte, kam ich zu euch. Nicht deshalb, weil ihr eine Mutter braucht, denn die ist tot. Sondern weil ich Kinder liebhaben möchte ... Du denkst, du bist allein, Marlene. Aber ich bin viel mehr allein als du ...«

Die Frau saß gebückt und faltete, mit großer Sorgfalt, das Seidenpapier zusammen. Da stahl sich eine kleine Hand an ihr vorbei und nahm den Nelkenstrauß fort. Und als sich die Frau umdrehte, sah sie, wie Marlene die Blumen auf das Grab legte. Dann setzte das Kind ihre Puppe in den Wagen, schob das kleine Fahrzeug durch die offene Gittertür, die Stufen hinab, auf den Kies, und sagte leise: »Komm, steh auf. Du machst sonst dein Kleid schmutzig.«

Sie gingen nebeneinander durch die Grabreihen und sprachen kein Wort. Erst auf der Straße, bei den Gärtnereien, deutete die Frau, beinahe schüchtern, auf den Wagen und fragte: »Wie heißt sie denn?«

»Florfina«, sagte das kleine Mädchen, »und Oswald sitzt noch auf der Stange.«

In dieser 1929 veröffentlichten Erzählung schildert Kästner den St.-Pauli-Friedhof, eine terrassierte große Anlage am Nordende der Hechtstraße. Hier sind auch Mitglieder seiner Familie begraben: seine Eltern Emil und Ida in einem relativ bescheidenen

Grab und Franz Augustin mit Lina und beider Tochter Dora in einer Grabstätte mit einem seinem Wohlstand entsprechenden prächtigen Grabmal.

Dummheit zu Pferde

In Dresden haben, Gott sei's geklagt,
die deutschen Kavalleristen getagt.
Sie haben getagt. Sie haben genächtigt.
Sie taten sehr existenzberechtigt.
Sie trabten in Horden,
sie trabten in Herden,
mit klappernden Orden,
auf klappernden Pferden.
In Anwesenheit eines Feldmarschalles
sangen sie: »Deutschland über alles«.
Die Pferde hielten vorzüglich Schritt
und sangen vor lauter Begeisterung mit.

Es glühten, im Widerschein solcher Späße,
die abgehärtetsten Reitergesäße.
Man sah gepanzerte Kürassiere,
gemeine Leute und hohe Tiere
und blaue Ulanen
mit wehenden Fahnen

und rote Husaren
mit langen Fanfaren,
und anlässlich dieses Maskenballes
sangen sie: »Deutschland über alles«.
Die Esel dachten auf ihren Pferden:
Durchs Reiten wird es schon besser werden.

Sie strahlten und ritten, die Beine breit,
retour in die deutsche Vergangenheit.
Sie blähten, ganz wie die Gäule, die Nüstern
und überhörten den Wind und sein Flüstern:
»Heute Spaß,
morgen Gas,
übermorgen
Würmerfraß!«
Stolz zogen sie über Stock und Stein,
ein reitender Männergesangverein.
Ein Nervenarzt, schon ziemlich alt,
sprach: »Marsch mit den Kerls in die Irrenanstalt!«

»Heute Spaß, morgen Gas ...« spielt an auf den Gaskrieg während des Ersten Weltkriegs (1914–1918). Als Kästner das Gedicht 1931 schrieb, war die Erinnerung daran noch lebendig.

Notwendige Antwort auf überflüssige Fragen

Ich bin ein Deutscher aus Dresden in Sachsen.
Mich lässt die Heimat nicht fort.
Ich bin wie ein Baum, der – in Deutschland
  gewachsen –
wenn's sein muss, in Deutschland verdorrt.

Entstanden vor März 1943.

Luftangriffe auf Dresden

Berlin, 14. Februar 1945

Gestern Abend und in der Nacht schwere Luftangriffe auf Dresden! Die Telefonverbindungen sind unterbrochen. Sogar Reisesperre wurde verhängt. Wann werde ich erfahren, wie es den Eltern geht? Die Situation ist teuflisch. Sie wird geradezu unerträglich, wenn man während eines solchen Angriffs, hundertachtzig Kilometer davon entfernt, selber im Keller sitzt. Man verfolgt die trockne Rundfunkdurchsage, studiert dabei den abgegriffenen Koordinatenplan, den die Berliner die »Quadrat-Else« nennen, und merkt immer deutlicher, immer unmissverständlicher, dass sich die »Bomberströme« dem Planquadrat »Martha Heinrich« stetig nähern und dann über diesem »Raume kurven«. Dieser Raum, dieses Quadrat unter vielen, dieses alberne Doppel- und Koppelwort »Martha Heinrich«, das ist die Heimat, das sind die Eltern! Eine Stunde, eine geschlagene Stunde lang flogen sie, ein Bomberverband nach dem anderen, über Dresden hinweg. Es nahm, für mein Empfinden, kein Ende. Schließlich, nach einer Stunde Ewigkeit, drehten sie nach Südwesten ab.

Jahrelang gab es, bei allen Sorgen, die eine, äußerste Sorge nicht. Jahrelang schien es, als wolle der Gegner Dresden vergessen. Und nun, wie wenn er alles nachholen wolle: Bomberströme überm Elbstrom. Wann werde ich erfahren, wie es den beiden geht?

Berlin, 27. Februar 1945

Am Morgen des 23. Februar, zu meinem Geburtstag, kam endlich Nachricht! Zwei Briefe und zwei Postkarten, schmutzig und zerknittert, auf einmal! Das war ein Geburtstagsgeschenk! Sie leben und sind gesund, und sogar die Wohnung steht noch. Weil die Fenster zersprungen und die Zimmer voller Ruß und eiskalt sind, schlafen die Eltern im Korridor. Mama auf dem Sofa, Papa auf zusammengeschobenen Stühlen. Das Essen wird im »Löwenbräu« ausgegeben. Sie frieren, was das Zeug hält. Die Koffer und die

Bettenbündel liegen, im Keller, auf dem Handwagen.

Mit dem Wagen standen sie am 13. Februar, während der ganzen Nacht, in einem Hausflur auf der anderen Straßenseite. Warum gegenüber? Ich weiß es noch nicht. Ob es in den oberen Etagen oder nebenan eingeschlagen hat? Tante Linas Villa am Albertplatz ist ausgebrannt. Die Bank ist zerstört. Fleischermeister Tischer und Kolonialwarenhändler Kletzsch sind ausgebombt.

Gestern Abend brachte Orthmanns Kurier entsetzliche Nachrichten. Dresden sei ausradiert worden. Der Feuersog des brennenden Neuen Rathauses habe aus der Waisenhausstraße fliehende Menschen quer durch die Luft in die Flammen gerissen, als wären es Motten und Nachtfalter. Andere seien, um sich zu retten, in die Löschteiche gesprungen, doch das Wasser habe gekocht und sie wie Krebse gesotten. Zehntausende von Leichen lägen zwischen und unter den Trümmern. Und die Eltern leben! Trauer, Zorn und Dankbarkeit stoßen im Herzen zusammen. Wie Schnellzüge im Nebel.

Wiedersehen mit Dresden

Das, was man früher unter Dresden verstand, existiert nicht mehr. Man geht hindurch, als liefe man im Traum durch Sodom und Gomorrha. Durch den Traum fahren mitunter klingelnde Straßenbahnen. In dieser Steinwüste hat kein Mensch etwas zu suchen, er muss sie höchstens durchqueren. Von einem Ufer des Lebens zum andern. Vom Nürnberger Platz weit hinter dem Hauptbahnhof bis zum Albertplatz in der Neustadt steht kein Haus mehr. Das ist ein Fußmarsch von etwa vierzig Minuten. Rechtwinklig zu dieser Strecke, parallel zur Elbe, dauert die Wüstenwanderung fast das Doppelte. Fünfzehn Quadratkilometer Stadt sind abgemäht und fortgeweht. Wer den Saumpfad entlangläuft, der früher einmal in der ganzen Welt unter dem Namen »Prager Straße« berühmt war, erschrickt vor seinen eigenen Schritten. Kilometerweit kann er um sich blicken. Er sieht Hügel und Täler aus

Schutt und Steinen. Eine verstaubte Ziegellandschaft. Gleich vereinzelten, in der Steppe verstreuten Bäumen stechen hier und dort bizarre Hausecken und dünne Kamine in die Luft. Die schmalen Gassen, deren gegenüberliegende Häuser ineinandergestürzt sind, als seien sie sich im Tod in die Arme gesunken, hat man durch Ziegelbarrieren abgesperrt.

Wie von einem Zyklon an Land geschleuderte Wracks riesenhafter Dampfer liegen zerborstene Kirchen umher. Die ausgebrannten Türme der Kreuz- und der Hofkirche, des Rathauses und des Schlosses sehen aus wie gekappte Masten. Der goldene Herkules über dem dürren Stahlgerippe des Rathaushelms erinnert an eine Galionsfigur, die, seltsamerweise und reif zur Legende, den feurigen Taifun, dem Himmel am nächsten, überstand. Die steinernen Wanten und Planken der gestrandeten Kolosse sind im Gluthauch des Orkans wie Blei geschmolzen und gefrittet. Was sonst ganze geologische Zeitalter braucht, nämlich Gestein zu verwandeln – das hat hier eine einzige Nacht zuwege gebracht.

An den Rändern der stundenweiten Wüste beginnen dann jene Stadtgebiete, deren Trümmer noch ein wenig Leben und Atmen erlauben. Hier sieht es aus wie in anderen zerstörten Städten auch. Doch noch in den Villenvierteln am Großen Garten ist jedes, aber auch jedes Haus ausgebrannt. Sogar das Palais und die Kavalierhäuschen mitten im Park mussten sterben. Als Student hatte ich manchmal von Ruhm und Ehre geträumt. Der Bürgermeister war im Traume vor mich hingetreten und hatte dem wackeren Sohne der Stadt so ein kleines, einstöckiges, verwunschenes Barockhäuschen auf Lebenszeiten als Wohnung angeboten. Vom Fenster aus hätte ich dann auf den Teich und die Schwäne geschaut, auf die Eichhörnchen und auf die unvergleichlichen Blumenrabatten. Die Blaumeisen wären zu mir ins Zimmer geflogen, um mit mir zu frühstücken …

Ach, die Träume der Jugend! Im abgelassenen Teich wuchert das Unkraut. Die Schwäne sind wie die Träume verflogen. Sogar die einsame Bank im stillsten Parkwinkel, auf der man zu zweit saß und zu dem über den Wipfeln schwimmenden Monde hinaufsah, sogar die alte Bank liegt halb verschmort im wilden Gras …

Ich lief einen Tag lang kreuz und quer durch die Stadt, hinter meinen Erinnerungen her. Die Schule? Ausgebrannt … Das Seminar mit den grauen Internatsjahren? Eine leere Fassade … Die Dreikönigskirche, in der ich getauft und konfirmiert wurde? In deren Bäume die Stare im Herbst, von Übungsflügen erschöpft, wie schrille, schwarze Wolken herabfielen? Der Turm steht wie ein Riesenbleistift im Leeren … Das Japanische Palais, in dessen Bibliotheksräumen ich als Doktorand büffelte? Zerstört … Die Frauenkirche, der alte Wunderbau, wo ich manchmal Motetten mitsang? Ein paar klägliche Mauerreste … Die Oper? Der Europäische Hof? Das Alberttheater? Kreutzkamm mit den duftenden Weihnachtsstollen? Das Hotel Bellevue? Der Zwinger? Das Heimatmuseum? Und die anderen Erinnerungsstätten, die nur mir etwas bedeutet hätten? Vorbei. Vorbei.

Freunde hatten gesagt: »Fahre nicht hin. Du erträgst es nicht.« Ich habe mich genau geprüft. Ich habe den Schmerz kontrolliert. Er wächst nicht mit der Anzahl der Wunden. Er erreicht seine Grenzen früher. Was dann noch an Schmerz hinzukommen will, löst sich nicht mehr in Empfindung auf. Es ist, als fiele das Herz in eine tiefe Ohnmacht.

Die vielen Kasernen sind natürlich stehen geblieben! Die Pionierkaserne, in der das Ersatzbataillon lag. Die andere, wo wir das Reiten lernten und als Achtzehnjährige, zum Gaudium der Ritt- und Wachtmeister, ohne Gäule, auf Schusters Rappen, »zu einem – rrrechts brecht ab!« traben, galoppieren und durchparieren mussten. Das Lincke'sche Bad, wo wir, am Elbufer, mit vorsintflutlichen Fünfzehnzentimeterhaubitzen exerzierten. Die Tonhalle, wo uns Sergeant Waurich quälte. Hätte stattdessen nicht die Frauenkirche leben bleiben können? Oder das Dinglingerhaus am Jüdenhof? Oder das Coselpalais? Oder wenigstens einer der früheren Renaissance-Erker in der Schlossstraße? Nein. Es mussten die Kasernen sein! Eine der schönsten Städte der Welt wurde von einer längst besiegten Horde und ihren gewissenlosen militärischen Lakaien unverteidigt dem modernen Materialkrieg ausgeliefert. In einer Nacht wurde die Stadt vom Erdboden vertilgt. Nur die Kasernen, Gott sei Dank, die blieben heil!

Geschrieben September 1946. Im Klartext müsste es im letzten Satz wohl heißen: »Gott sei's geklagt«.

Von Hamburg an der Elbe …

Dresden, Ostermontag 49

Liebe Helga!

… Hamburg (PEN), Hannover (Zwischenstation), Schlagbäume &tc hab ich hinter mir. Übermorgen geht's nach Berlin, heute in einer Woche nach Hannover.

Von Hamburg an der Elbe bis Dresden an der Elbe ist heutzutage ein hübsch langer und abwechslungsreicher Weg. Man kommt sich wie ein Weltreisender im Kleinen vor. Und jeden Tag früh um 6 oder 7 aus dem Einzelbett hoch! Die Züge, Autobusse &tc tun's nicht anders. Hier in Dresden ruhe ich mich endlich ein wenig aus. Obwohl die Besuche bei meiner Mutter anstrengend genug sind …

Kästner war fünf Tage zu Besuch bei seinen Eltern in Dresden, vom 16. bis 20. April 1949. Die Mutter lebte wegen ihrer zunehmenden Verwirrtheit schon seit 1947 in einer privaten Nervenklinik.

Die Existenz im Wiederholungsfalle

Man müsste wieder sechzehn Jahre sein
und alles, was seitdem geschah, vergessen.
Man müsste wieder seltne Blumen pressen
und (weil man wächst) sich an der Türe messen
und auf dem Schulweg in die Tore schrein.

Man müsste wieder nachts am Fenster stehn
und auf die Stimmen der Passanten hören,
wenn sie den leisen Schlaf der Straßen stören.
Man müsste sich, wenn einer lügt, empören
und ihm fünf Tage aus dem Wege gehn.

Man müsste wieder durch den Stadtpark laufen.
Mit einem Mädchen, das nach Hause muss
und küssen will und Angst hat vor dem Kuss.
Man müsste ihr und sich, vor Ladenschluss,
für zwei Mark fünfzig ein Paar Ringe kaufen.

Man würde seiner Mutter wieder schmeicheln,
weil man zum Jahrmarkt ein paar Groschen
braucht.
Man sähe dann den Mann, der lange taucht.
Und einen Affen, der Zigarren raucht.
Und ließe sich von Riesendamen streicheln.

Man ließe sich von einer Frau verführen
und dächte stets: Das ist Herrn Nussbaums
Braut.
Man spürte ihre Hände auf der Haut.
Das Herz im Leibe schlüge hart und laut,
als schlügen nachts im Elternhaus die Türen.

Man sähe alles, was man damals sah.
Und alles, was seit jener Zeit geschah,
das würde nun zum zweiten Mal geschehn …
Dieselben Bilder willst du wiedersehn?
Ja!

Quellenangaben

Die Texte sind folgenden Werken Erich Kästners entnommen:

Als ich ein kleiner Junge war. Atrium Verlag, Zürich 2011:

Dresden war eine wunderbare Stadt, S. 43–47; *Die Königsbrücker Straße und ich,* S. 51–56; *Die 4. Bürgerschule in der Tieckstraße,* S. 75–77; *Franz Augustin und die Hechtstraße,* S. 130, 132–139; *Die Villa am Albertplatz,* S. 139–143.

Der Gang vor die Hunde. Roman. Hrsg. v. Sven Hanuschek. Atrium Verlag, Zürich 2013:

Besuch in der Kinderkaserne (Auszug), S. 209–212; *Abendliche Altstadt* (Auszug), S. 217.

Der Herr aus Glas. Erzählungen. Hrsg. v. Sven Hanuschek. Atrium Verlag, Zürich 2015:

Zwei Mütter und ein Kind, S. 143–150.

Der tägliche Kram. Chansons und Prosa 1945–1948. Atrium Verlag, Zürich 2013:

Wiedersehen mit Dresden. Auszug aus: *… und dann fuhr ich nach Dresden,* S. 112 f.

Dieses Na ja!, wenn man das nicht hätte! Ausgewählte Briefe von 1909 bis 1972. Hrsg. v. Sven Hanuschek. Atrium Verlag, Zürich 2003:
Von Hamburg an der Elbe … Brief an Helga Veith (Auszug), S. 138.

Gesang zwischen den Stühlen. Atrium Verlag, Zürich 2011:
Begegnung mit einem Trockenplatz, S. 45 f.

Goethe und die Schrebergärtner. Geschichten und Gedichte aus der deutschen Heimat. Hrsg. v. Sylvia List. Atrium Verlag, Zürich 2014:
Märchen-Hauptstadt (Auszug), S. 27 f., S. 31; *Dummheit zu Pferde,* S. 120 f.

Herz auf Taille. Atrium Verlag, Zürich 2012:
Kleine Führung durch die Jugend, S. 42 f.; *Abschied in der Vorstadt,* S. 53.

Kurz und bündig. Epigramme. Atrium Verlag, Zürich 2017:
Notwendige Antwort auf überflüssige Fragen, S. 56.

Lärm im Spiegel. Atrium Verlag, Zürich 2014:
Die Existenz im Wiederholungsfalle, S. 83 f.

Notabene 45. Ein Tagebuch (Auszug). Atrium Verlag, Zürich 2012:
Luftangriffe auf Dresden, S. 36 f.

Erich Kästner, 1899 in Dresden geboren, begründete gleich mit zwei seiner ersten Bücher seinen Weltruhm: *Herz auf Taille* (1928) und *Emil und die Detektive* (1929). Nach der Machtübernahme der Nationalsozialisten wurden seine Bücher verbrannt, sein Werk erschien nunmehr in der Schweiz im Atrium Verlag. Erich Kästner erhielt zahlreiche literarische Auszeichnungen, u. a. den Georg-Büchner-Preis. Er starb 1974 in München.

Sylvia List arbeitete als Verlagslektorin, Redakteurin und Übersetzerin. Seit einigen Jahren ist sie Herausgeberin von Anthologien mit bekannten und unbekannten Texten Erich Kästners, u. a. *Goethe und die Schrebergärtner, Kästner im Schnee, Morgen, Kinder, wird's nichts geben!, Sonderbares vom Kurfürstendamm, Wer Kind bleibt, ist ein Mensch, Monolog in der Badewanne* und *Freundschaft auf den ersten Blick*.

Bücher von Erich Kästner bei Atrium

Als ich ein kleiner Junge war

Bei Durchsicht meiner Bücher

Das Blaue Buch

Der Gang vor die Hunde

Der Herr aus Glas

Der kleine Grenzverkehr

Der tägliche Kram

Der Zauberlehrling

Die dreizehn Monate

Die kleine Freiheit

Die Schule der Diktatoren

Die verschwundene Miniatur

Doktor Erich Kästners lyrische Hausapotheke

Drei Männer im Schnee. Inferno im Hotel

Ein Mann gibt Auskunft

Fabian. Die Geschichte eines Moralisten

Gesang zwischen den Stühlen

Herz auf Taille

Kurz und bündig. Epigramme

Lärm im Spiegel

Notabene 45

Über das Verbrennen von Büchern

Geschenkbücher

Sonderbares vom Kurfürstendamm.
Berliner Beobachtungen
Herausgegeben von Sylvia List

Freundschaft auf den ersten Blick.
Von alten, jungen und neuen Freunden
Herausgegeben von Sylvia List

Monolog in der Badewanne.
Erich Kästner über die Männer
Herausgegeben von Sylvia List

Wer Kind bleibt, ist ein Mensch
Herausgegeben von Sylvia List

Man schwitzt und fragt: Wann hört das auf?
Sport mit Erich Kästner
Herausgegeben von Sylvia List

Verlobung auf dem Seil.
Vom Heiraten und sonstigen Schwierigkeiten
Herausgegeben von Sylvia List

Hurra, Ferien!
Herausgegeben von Sylvia List

Goethe und die Schrebergärtner
Herausgegeben von Sylvia List

Zwischen hier und dort
Herausgegeben von Sylvia List

Meine Katzen
Herausgegeben von Sylvia List